AF143765

Je dédie ce petit guide à mes deux merveilleuses filles, Ruby Fillinger Salas, 21 ans, et Luna Fillinger Salas, 16 ans. Je me suis dévouée avec joie pour elles, afin de les rendre heureuses et épanouies.

© 2021 Carla Salas www.carlasalas.ch
Révision: Béatrice Mogenier
Design couverture: Carla Salas
Ilustrations: Carlotta Chavaz, 16 ans

Édition: BoD - Books on Demand,
12/14 rond point des Champs-Élysées, 75008 Paris
Impression: BoD - Books on Demand,
Norderstedt, Allemagne

ISBN: 978-2-3222-0088-7

Dépot légal: mai 2021

Carla Salas

15 petits conseils aux parents pour des enfants TIP-TOP

I. COMMENCEZ PAR UN TRAVAIL SUR VOUS-MÊME

1. Retrouvez un équilibre émotionnel

Prenez conscience des problèmes qui vous empêchent de vivre de façon équilibrée; par exemple, êtes-vous jaloux(se)? Quel lien entretenez-vous avec l'argent? Avez-vous une phobie récurrente ou une quelconque croyance qui vous éloigne de vous-même? Les angoisses vous envahissent-elles d'une manière incontrôlable? Il est peut-être temps de travailler sur vous-même.

Les enfants apprennent de nous car nous sommes leurs modèles. Ainsi, veillez à bannir les extrêmes de vos états d'âme et comportements afin d'éviter de heurter la sensibilité et l'équilibre de votre.vos enfant.s.

NE TRANSMETTEZ PAS À VOTRE.VOS ENFANT.S VOS COMPORTEMENTS À RISQUE CAR IL POURRAIT LES REPRODUIRE PLUS TARD!

PARENTS HEUREUX, ENFANTS HEUREUX!

2.   Prenez soin de vous

Chouchoutez-vous: mangez sainement, réduisez votre consommation d'alcool, de cigarettes ou de toute autre substance addictive et faites du sport régulièrement. Facile à dire et plus difficile à faire! Pourtant, vous êtes les piliers les plus importants pour vos enfants.

Soyez constant.s dans vos choix santé, même les plus minimes; tous les efforts engagés quotidiennement feront une différence.

Le meilleur cadeau que vous pouvez offrir à votre ou vos enfant.s, est de lui / de leur montrer l'exemple dans votre engagement envers vous-même. Montrez lui / leur que vous faites tout votre possible pour vous sentir et être bien.

3. Réjouissez-vous des petits évènements de la vie

Même si on ne peut pas être heureux tout le temps, essayez de montrer à votre enfant que la vie offre de beaux moments et que, malgré toutes ses complications et imprévus, elle mérite d'être vécue. Votre enfant apprendra ainsi très tôt à apprécier ces petits moments de joie si satisfaisants au quotidien: délectez-vous de regarder un film seul ou à plusieurs, de parler à une amie ou d'offrir un service ou un cadeau à quelqu'un, etc. Évitez si possible de vous plaindre de ce que l'on ne peut pas changer [comme: «Il fait moche, c'est affreux!»] et adaptez-vous simplement à ce qui est. Le soleil revient toujours!

LES PARENTS QUI APPRÉCIENT CHAQUE PETITE CHOSE DE LA VIE RENDENT LEURS ENFANTS HEUREUX.

SACHEZ APPRÉCIER LE MOMENT PRÉSENT ;
NE VIVEZ NI DANS LE PASSÉ NI DANS LE
FUTUR. CE QUI COMPTE C'EST
LE MAINTENANT.

4. Travaillez sur votre bonheur. Nourrissez-le, faites-le grandir

Les parents sont les piliers des enfants: maman et papa, une maman seule, un papa seul ou encore deux mamans ou deux papas. Si l'enfant vous voit ou vous sent heureux, apaisé, il le sera sans doute lui aussi. La stabilité émotionnelle des parents, leur capacité à construire leur bonheur autour de moments de joies simples procurera une aura de sécurité à leur.s enfant.s qui se développera.ront ainsi dans un environnement émotionnel stable.

Dès lors, faites un travail sur vous-même afin d'accepter et d'apprécier au mieux ce que vous êtes maintenant, en ce moment. Des enfants qui voient leurs parents en harmonie avec eux-mêmes apprennent à s'accepter et surtout à s'aimer tels qu'ils sont.

Beaucoup d'adultes sont malheureux pour tout ou rien et transmettent à leur.s enfant.s ces sentiments générés par la vision d'une réalité déformée par leurs propres filtres.

13

II. TRAVAILLEZ SUR LA RELATION AVEC VOTRE.VOS ENFANT.S

5. Respectez-le / -les

Un enfant est une personne à part entière et il mérite que l'on respecte son point de vue, ses envies, ses vouloirs ou ses souhaits (dans un cadre donné). Il faut évidemment toujours veiller à sa sécurité et à son bien-être. Soyez souple et bienveillant.e car l'enfant doit aussi oser exprimer ses émotions positives ou négatives.

Si vous vous êtes trompé.e ou si vous avez commis une erreur, ne craignez pas de vous excuser auprès de lui.

LES ADULTES PEUVENT AUSSI SE TROMPER ET UN ENFANT A LE DROIT DE RECEVOIR DES EXCUSES DE LA PART DES ADULTES.

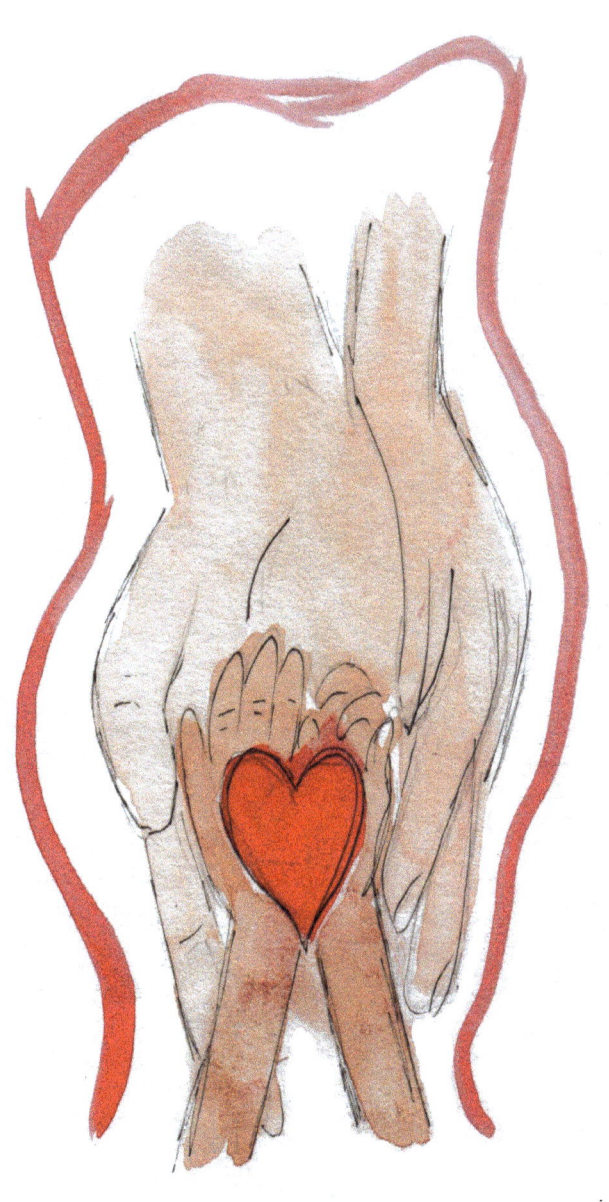

N'AYEZ PAS PEUR DE DIRE DES «NON» CLAIRS ET RAISONNABLES.

6. Enseignez-lui aussi que le **NON** fait partie de la vie

Beaucoup de gens prennent un NON comme une offense et pensent que toujours répondre OUI est une façon de manifester de l'amour. Or, les NON font partie de la vie; c'est pourquoi ils doivent être acceptés de la même manière que les OUI.

7. Mettez des limites, posez un cadre avec une main ferme dans un gant de velours

L'enfant a besoin de limites pour se développer de manière optimale. Ce sont des repères qui doivent lui être présentés de manière crédible, réaliste et douce.

GRÂCE À LA DOUCEUR, ON PEUT FAIRE FACE À DES ENFANTS PLUS ENCLINS À ÉCOUTER ET COLLABORER.

LES ENFANTS RECONNAISSENT CE QUI EST VRAI!

8. Motivez sa créativité et son imagination

Chaque enfant est doué, a des talents et capacités. Soyez vrai avec lui et dites-lui que ce qu'il a fait est beau sans trop d'exagération. Par une intonation juste et «normale», motivez-le! L'enfant sentira si vous êtes sérieux et authentique dans votre appréciation ou commentaire.

FAITES-VOUS CONFIANCE.
FAITES-LUI CONFIANCE.

9. Faites-lui confiance

Attendez le plus longtemps possible avant de considérer que quelque chose ne va pas bien avec votre enfant.

Chaque enfant est né avec une multitude de dons et compétences, alors ne bloquez pas son développement naturel.

Préservez le côté émotionnel de votre enfant. Construisez lentement et sûrement une aura de protection autour de lui afin qu'il se sente en sécurité sur tous les plans.

10. Acceptez ses erreurs. Ne le critiquez jamais

Un enfant apprend tous les jours: il commet et commettra donc des erreurs qu'il vous faudrait éviter de critiquer. Au contraire, considérez celles-ci comme de réelles opportunités pour atteindre son but. Encouragez-le à persévérer! Invitez-le à ne pas abandonner!

Si jamais vous devez lui adresser une critique, redirigez celle-ci vers ses actes plutôt que sur sa personne ou son caractère.

**UN ENFANT A LE DROIT DE SE TROMPER
SANS ÊTRE JUGÉ.
NON, ne dites pas: TU ES MÉCHANT
OUI, dites plutôt: CE QUE TU AS FAIT N'EST
PAS CORRECT.**

UTILISEZ VOTRE IMAGINATION AFIN D'ÉVITER TOUTE VIOLENCE PHYSIQUE ET VERBALE.

11. Dites STOP aux punitions corporelles

Si un voisin vous insulte, vous n'allez pas le taper, alors pourquoi un parent devrait-il s'octroyer le droit de taper son enfant? Si l'enfant apprend que frapper est une solution pour régler les problèmes, alors il utilisera ce même mécanisme avec ses amis, camarades, ou frères et sœurs.

12. N'utilisez pas les chantages affectifs mais la transparence

Les menaces ou les manipulations sont très destructrices pour les enfants. Ne vous servez JAMAIS des émotions ou des faiblesses de vos enfants pour obtenir ce que vous voulez. Par exemple, dire à votre enfant: «Si tu ne ranges pas ta chambre, tu n'iras pas chez ton ami», perturbera son équilibre émotionnel voire même sa santé.

Les enfants peuvent percevoir sans difficulté chaque subtilité de la vie; si vous êtes préoccupé.e.s, ils s'en rendront compte même si vous faites l'effort de ne rien montrer. On ne peut rien leur cacher. Reformulez les problèmes et thématisez-les pour que l'enfant les intègre à sa réalité.

Les enfants sont comme des éponges; ils absorbent tout et ils peuvent tout percevoir.

TOUT SUJET DEVRAIT ÊTRE ABORDÉ
AUPRÈS DES ENFANTS AFIN D'ÉVITER LES
NON-DITS.

C'EST POSITIF ET BÉNÉFIQUE DE MONTRER À VOTRE ENFANT QUE VOUS N'ÊTES PAS PARFAIT.

13.   Acceptez vos erreurs et prodiguez des excuses si besoin

Une personne, et un enfant en particulier, apprend tous les jours: c'est par les erreurs qu'il pourra élargir ses connaissances et s'améliorer.

Le fait d'être un adulte ne vous octroie pas le droit de non-excuse auprès de l'enfant. S'excuser est une preuve de respect qui valorise l'enfant en tant que personne.

14. Écoutez-le.les

Considérez combien il est important
d'écouter votre enfant de manière attentive;
montrez-lui que ce qu'il dit est important
et digne d'être écouté. Appréciez ce qu'il
dit, compatissez avec lui et mettez-le.s en
confiance pour qu'il.s puisse.ent s'exprimer
sans freins.

RÉSERVEZ DU TEMPS DE QUALITÉ POUR ÉCOUTER VOTRE ENFANT: QUELQUES MINUTES PAR JOUR SUFFISENT SI VOUS VOUS ENGAGEZ PLEINEMENT DANS L'ÉCHANGE.

15. Procurez des câlins verbaux et physiques à volonté

Essayez de ne pas crier sur votre.vos enfant.s et privilégiez des dialogues d'une voix douce. C'est un petit être qui apprend à vivre: il a toujours besoin de douceur. Un enfant n'apprendra jamais par des moyens agressifs, au contraire! Patience et empathie avant tout!

Utilisez de beaux mots et restez honnête, vrai.e. S'il vous faut adresser une critique à votre enfant, faites-le de façon constructive, sans pression ni intonation négative.

UN ENFANT NE RECEVRA JAMAIS ASSEZ DE CÂLINS!

 Carla Salas travaille dans le domaine de la petite enfance et côtoie quotidiennement des centaines d'enfants de l'école primaire genevoise. Elle est contre les punitions corporelles et tout autre abus envers les enfants. Elle est aussi Cheffe de projets en communication institutionnelle chez Arsanté, une organisation en soins. Elle adore les enfants et elle est convaincue qu'un parent épanoui donne plus de chances à son ou ses enfant.s de vivre dans un état émotionnel stable. Elle sait également qu'il suffit parfois de peu, d'une simple négligence, d'un mot mal placé pour blesser profondément un enfant. Cela n'a rien à voir avec de la méchanceté; pourtant les conséquences sur le futur de l'enfant peuvent être douloureuses et irrémédiables, pouvant même impacter son développement en cours et à venir.

«LE MOT PROGRÈS N'AURA AUCUN SENS TANT QU'IL Y AURA DES ENFANTS MALHEUREUX.»

Albert Einstein